갈라파고스의 꿈

손치하 시집

두 번째 시집을 발간하며

詩란 내게 무엇인가
영혼의 갈증을 해소해 주는 생수 한 모금 같은 것
그런 詩를 쓰고 싶다는 소망을 품고 살았다
썼다 지운 詩들이
시든 풀잎처럼 나를 감동하게 하지 못했을 때
이제 詩를 그만 써야겠다는 생각도 하였다
그러나 육신이 살아있으면 목마르듯
영혼에 갈증이 들면 또다시 시를 쓰고 있는 나를
발견하곤 한다

첫 번째 시집 『작은 위로』 발간 후 10여 년이 흐르면서
이런 생각들이 두 번째 시집 발간을 머뭇거리게 했다
꿈은 아름다운 것, 그래도 내가 위로받고
누군가에게 감동이 되는 시 한 편 쓰고 싶다는 꿈을
아직 버리지 못하고 있다.

2023년 7월의 문턱에서
손치하

차례

제1부 흰머리 소녀

13 ··· 첫눈
14 ··· 새해의 기도
15 ··· 단비
16 ··· 흰머리 소녀
17 ··· 바닷가 찻집에서
18 ··· 길
19 ··· 잔설
20 ··· 작은 행복
21 ··· 친구에게
22 ··· 대금 산조
23 ··· 아카시아 나무에 붙은 방榜
24 ··· 어느 날 고향길
25 ··· 흑백 사진
26 ··· 설화
27 ··· 선물
28 ··· 다리

제2부 바닷가 우체국

31 … 바닷가 우체국
32 … 호수의 밀애
33 … 이팝나무
34 … 푸른 5월
35 … 어부
36 … 산수유꽃
37 … 단풍
38 … 뒷산의 봄
39 … 그런 사람
40 … 가을 편지
41 … 세월 탓
42 … 기원
43 … 우아한 고독
44 … 네가 왔구나

제3부 마리아의 맨발

47 … 마당 교회
48 … 마리아의 맨발
49 … 남아공 하늘에서 맞은 일출
50 … 알래스카 화이트패스 철도
51 … 바이칼
52 … 트로이
54 … 희망봉
55 … 바이칼을 그리며
56 … 바이칼 알혼섬
57 … 갈릴리 호수
58 … 눈빛
59 … 반딧불이
60 … 몽골 초원의 밤하늘
61 … 아디오스
62 … 갈라파고스의 꿈
64 … 알래스카 피오르드Fjord 빙하
65 … 시베리아 횡단 철도
66 … 곶자왈

제4부 아리랑

69 … 조금 늦은 깨달음
70 … 새해 다짐
71 … 아리랑
72 … 청보리밭
73 … 봄소식
74 … 비설-제주 4.3 평화공원에서
76 … 장미
77 … 마음
78 … 도락산
79 … 다음은 없다
80 … 수선화
81 … 가파도
82 … 백마를 찾아서
83 … 마음의 집
84 … 가을 호숫가에서

제5 부 꽃피우다

87 ⋯ 은혜를 은혜로 아는 복
88 ⋯ 은하수 꽃
89 ⋯ 꽃피우다
90 ⋯ 애월 해변 무인 Cafe
91 ⋯ 아프다
92 ⋯ 서귀포 해변
93 ⋯ 제주의 봄
94 ⋯ 텅 빈
95 ⋯ 가는 봄
96 ⋯ 봄비
97 ⋯ 2월에
98 ⋯ 석양
99 ⋯ 아카시 꽃길
100 ⋯ 꽃비

제6부 이름 없는 꽃

103 ··· 봄의 왈츠
104 ··· 어느 가을날
105 ··· 겨울에게
106 ··· 가을 향기
107 ··· 이름 없는 꽃
108 ··· 산다는 것은
109 ··· 비망록
110 ··· 나목
111 ··· 꽃피는 봄날에
112 ··· 6월 밤의 합창
113 ··· 상사화
114 ··· 동백꽃
115 ··· 봄 쑥
116 ··· 그 집 풍경
117 ··· 행복을 위한 금언

118 ··· 해설 / 이오장

제1부

흰머리 소녀

무심코 던지는 한마디로
상처를 주지 않게 하시고
나눔의 기쁨을 누리게 하소서

첫눈

뺨을 스치는
부드러운 감촉은
수줍은 그 손을 처음 잡았던 느낌
손에 닿자마자
녹아내리는 눈송이는
잡힌 듯 잡지 못했던 그 마음

속삭이듯 내리는
첫눈을 맞으며
가슴 뛰던 청춘
설레던 첫사랑의 기억
천천히 저 언덕 넘어까지
한없는 그리움 펼친다

새해의 기도

새해에는

비교하는 어리석음에 빠져
점점 더 초라해지거나
잠시 우쭐해지지 않게 하소서

가질 수 없는 것
더 가지려는 욕심에 추해지지 않게 하시고
주신 것에 만족하게 하소서

무심코 던지는 한마디로
상처를 주지 않게 하시고
나눔의 기쁨을 누리게 하소서

결산의 시간이 되었을 때
사랑하는 행복을
나눌 수 있음이 감사이게 하소서

단비

하늘이 펼쳐놓은 조리대에서
바람이 요리를 합니다
바닷물 길어올리고
숲의 기운 가져와
갖가지 구름 조미료에 섞어
맛있는 요리를 만들고 있네요
천둥 벼락으로 데치고 볶더니
드디어
더위와 가뭄으로 목마른 대지에
기름진 단비를 흠뻑 뿌립니다
오랜만에 온 땅이 배부릅니다

흰머리 소녀

4월 연둣빛 새싹같이 빛나던 눈빛
목련꽃 자태로 고왔던 흰 뺨
탐스럽게 출렁이던 머리칼
그녀는 긴 머리 소녀였어요

세월의 강을 건너며
마음은 그 눈빛 그 얼굴 그대로인데
긴 머리 그 소녀
이제 흰머리 소녀가 되었네요

그대 슬퍼하지 말아요
우리 함께 지나온 시간이
때로 어렵고 힘들었어도
늘 믿음으로 함께했지요

4월은 그대의 계절
영원히 사랑합니다

바닷가 찻집에서

바닷가 한적한 찻집에서
따뜻한 커피를 마시며 바라보는 바다는
차갑지만 정겹다

나는 따뜻한 사람이었나
창문을 흔드는 바람에
내 마음의 온도를 생각해 본다
36.5도
그 언저리를 오르내리는 체온보다
따뜻한 가슴이기를 원했지만
냉철하지 못하고
뜨겁지도 못하고
허둥대며 살아온 지난날들이
파도처럼 밀려간다

아쉬움의 순간들을 섞어
쓴 커피를 다 마셔도
여전히 파도는 거칠고 바람은 차가운데
그래도 바다는 정겹다

길

길은
물음이며 답이다

어디로 가야 할지
어떻게 가야 할지
묻고 또 물으며
바른길 찾아
끊임없이 걸어야 한다

매일 새로운 시작이고
끊임없는 과정이며
가다 돌아서기도 하지만
또 다른 길로 이어지는
관계의 연속이다

오늘 걸어왔던 길
뒤돌아보며
나 오늘 잘 걸어온 거야
또 묻는다

잔설

한 줌 햇살이면
흔적 없이 사라질 잔설 같은 삶

천년만년 살 것처럼
재물과 명예에 집착하지 말자
기껏 100년의 일생도
창조주의 시간표 속에서는
하루살이의 한나절 같은 것

미워하지 말라
후회 없이 사랑하자
세상을 바꾸지는 못할지라도
곁에 있는 한 사람을
아프게 하지는 않을 수 있으리니

호랑이는 죽어 가죽을 남긴다는데
이름을 남기려 애쓰지 말자
작은 일에 감사하며
오늘의 행복을 누리며 살자

작은 행복

인적 드문 산책길
노오란 원추리꽃 한 송이
기다랗게 피었네

아무도 보아주지 않고
이름 불러주지 않아도
홀로 피워낸 그리움의 꽃

저 어여쁜 미소는
그리움 누릴 수 있는
작은 행복이어라

친구에게

추억의 책장
고이 간직하고 있으면서
펼쳐 읽지 못한 고전처럼
오래 만나지 못했던 친구야

흘러간 세월의 흔적들로
당혹한 어색함도 잠깐
포옹하며 쏟아지는 눈물에
단절된 시간을 뛰어넘었네

소년 가장으로
파도를 받아낸 바위섬처럼
굳건하게 살아온 그 세월
함께 하지 못하였구나

첫사랑 같은 친구야
가난해도 행복했던 그 시절로
돌아갈 수는 없지만
남은 세월 손잡고 함께 가자

사랑한다! 친구야

대금 산조

첫 음에
마음이 열리고
다음 소절에
눈물이 흐르네

어느 임의
한恨이 서려 있기에
마디마디마다
이리 가슴을 후비는지

저 오묘한
마법의 음률
한 가락이
온 마음 사로잡네

아카시나무에 붙은 방(榜)

어서들 오세요
모든 분께 어떤 고급 향수도 흉내 낼 수 없는
아름다운 향기를 드립니다
사람이 만든 갖가지 사탕보다
달콤한 꿀도 드립니다

비용은 지불하지 않으셔도 됩니다
다만 기한이 정해져있으니
서두르셔야 합니다
미리 준비해야 할 것은
인조 향수에 길들여진
콧속을 비워야 제 향기를 느낄 수 있습니다
꿀도 거저 드리고 싶지만
당신의 인내가 수고로움을 견디지 못하고
나의 꽃을 망쳐놓을 것을 알기에
꿀을 가져가며 씨를 맺게 해주는
꿀벌에게만 허락하였답니다

제 향기 속에 담긴 추억은 덤이랍니다
그러니 서두르세요
꽃은 시들고 향기도 사라지고 있으니까요
어서 와서 저의 향기를 가져가세요

어느 날 고향 길

막배를 타고 들어가는
섬마을 고향길
석양이 바닷길 밝혀 환영하고
파도가 철썩철썩 말 걸어오네

섬들은 아버지처럼
말없이 미소로 맞이해 주고
작은 배들은 저문 해에 분주하네

얼마만인가
바다와 섬들은 다 그대로인데
보고 싶은 얼굴들 보이지 않고
떠나간 이들 소식이 없네

옛집 돌담에 머물던 바람
반가운 듯 옷깃을 들썩거리며
그리운 이름들 대신 불러주는데

하고 싶었던 말들
듣고 싶었던 목소리
어디로 가고 보이지 않는가
아득히 바다만 바라보았네

흑백 사진

어설프고 겸연쩍은 표정은
돌아갈 수 없는 시간의 메아리

세월의 자국으로 남은
빛바랜 명암은
이름도 가물거리는
희미한 옛 추억의 그림자
단절된 가락으로 흘러나오는
가난했던 청춘의 노래들
아
가을 은행잎처럼 떨어지는
젊은 날의 열망이여

흑백 사진 속에
화석처럼 남아있네

설화 雪花

꿈은 아름다운 것
너무 멀어
보이지 않아도
손에 잡힐 듯 가까워도

메마른 가지마다
밤새워
쌓고 쌓아
순백으로 피어난 눈꽃으로

아침 햇살 활짝 열어
어둠 밝히고
온몸을 꽃으로 피워
꿈을 그려주네

선물

가고 오는 날이 일상이지만
가는 오늘이 생애 최고의 날이고
오는 내일이 경이로운 첫날일 것이기에
가고 오는 모든 날이 늘 새롭습니다

오늘 이 시간 함께 있는 그대가
인생길에서 만난
가장 소중한 인연이기에
내일 만나게 될 인연 또한
두근거리는 설렘입니다

선물로 주어진 오늘
그대와 마주 보고 있음이
가장 큰 행복입니다
얼마나 더 주어질지 모르기에
오늘 이 순간이 소중합니다

다리

길은 사람을 이어주고
다리는 길을 이어 줍니다

인도 북동부
산골 마을 이어주는 작은 다리
바닥이 패이고 난간이 부서졌어도
돌아갈 다른 길 없어
아슬아슬 건너며
참으로 고단한 순간들을 견뎌냈을
그 세월의 무게 앞에
저절로 고개 숙여집니다

나는 누군가에게
작은 디딤돌이라도 되어준 적 있었는가?
스스로 묻고 또 묻습니다

제2 부

바닷가 우체국

넉넉히 나눠주고도 남을
환한 풍성함에
마음이 절로 따뜻해집니다

바닷가 우체국

불면의 밤을 지새우며
썼다 지웠다 쓴 손 편지
언제 적 일이었던가

주인 잃은 바닷가 우체국
홀로 외로워
할 일 잃은 바람 배달부만
한가로이 창문을 넘나들고 있네

빛바란 우체통
시간의 파도에 깎여
동글동글해진 몽돌처럼
견딤의 시간 지나온 마음

바다 건너 먼 그대에게
바람에 실어 보내고 파
가만히 이름만 불러보네

호수의 밀애

해지는 저녁 무렵 호숫가
잔잔하게 일렁이는 물결과
골짜기를 내려온 바람이 만나
속삭이는 소리 들리는 듯하네요

그러고 보니
아무도 모르게 물이 바람에 스미고
그 바람이 구름 되어 하늘에 올라
물이 되겠지요

저리 다정스레 속삭이는 것을 보니
금방 또 물이 바람이 되고
바람이 구름 되겠네요

귀를 간질이는 속삭임
지는 해도 들었는지
겸연쩍게 얼굴 붉히고 산을 넘으며
물처럼 바람처럼 살라 하네요

이팝나무

청춘의 웃음소리 같던
벚꽃이 지고
5월 햇살이
이팝나무를 데우자
구수한 냄새를 피우며
하얀 쌀밥이 익어갑니다

배곯는 설움이나
보릿고개 아픔이야
지나간 시절 이야기이지만
넉넉히 나눠주고도 남을
환한 풍성함에
마음이 절로 따뜻해집니다

저 탐스러운 꽃들이
배를 불리지는 못해도
마음 주린 이들의
아픈 영혼 어루만져 주는
위로의 향기가 되었으면
참 좋겠습니다

푸른 5월

꽃보다 예쁜 연두색 옷을 입은
5월 뒷산을 배경으로
놀이마당에 소풍 나온 아이들
새싹같이 재잘거리다
선생님의 물음에
꾸밈없이 망설임 없이
일제히 외칩니다
예 ~ ~ ~
고사리손 같은 나뭇잎들이
그 소리에 맞추어
산들~산들~
샤갈의 그림 속 풍경 같은
시원한 5월의 색조를
푸르게 푸르게 그리고 있습니다

어부

새벽 물때를 깨워
좋은 예감의 바람을 타고
어두운 물살을 가릅니다

늘 좋은 날만 있었던 건 아니지만
묵직한 그물을 당기자
불쑥 솟아오르는 햇덩이

그물 가득 퍼덕이는 물고기들
바다가 주는 마르지 않은 선물에
노랫가락이 절로 나옵니다

산수유꽃

봄바람 불어오자
산수유 마을 여기저기에
노란 꽃망울 터지는 소리

작은 촛불도
불쏘시개 되어 타오르면
담을 넘어 성채도 태우는데
촛불보다 작은 꽃잎들이
일제히 불 밝히니
구례 골짜기 활활 타오릅니다

저 홀로 피어서
스며드는 물감처럼
드러나지 않더니
저렇게 많은 잔가지가
손에 손잡고 어우러져 합창하니
온 산에 노란 꽃향기 가득합니다

단풍

떨리는 마음
꼭 말을 해야 알 수 있나요

봄바람에 싹트던 그리움
한 여름날 가슴 끓던 정열
정말 몰랐던가요

차마 말 못 하고 여문 가슴
숨길 수 없는 아픔들이
온산을 저리
붉게 멍들이고 있네요

문득 오래전 편지봉투 속
곱게 말려 보냈던 단풍잎
이제야 그 뜻 알 듯한데

청춘은 어느새 가을 문턱을 넘어
소리 없이 단풍 들고 있네요

뒷산의 봄

누구든지 와도 된다기에
발걸음 가볍게 뒷산에 드니

온산이 들썩거리게
손뼉을 치며 환영하는 진달래꽃
화사한 미소 지으며
우아하게 인사하는 산 벚꽃
갓난아이 옹알이하듯 쏟아지는
연초록 잎사귀들의 속삭임
깜짝 놀라 발길을 멈추게 하는
홰치는 장끼 소리

온 산을 울리는 장쾌한 오케스트라
봄
봄이 왔어요

꽃들이 춤추고 새들의 노랫소리
흠뻑 빠져들어 걷다 보니
어느새 봉우리에 다다랐네

그런 사람

당신의 다정한 미소가
용기를 줍니다

당신의 따뜻한 한마디가
뜨거운 힘이 됩니다

나도 당신에게
그런 사람이 되고 싶습니다

가을 편지

노란 은행잎에
짧은 편지를 씁니다

잘 계시나요
보고픈 마음 적어
그리움의 둑이 터지기 전에
바람에 실어 보냅니다

불타는 단풍이 보이거든
내 마음인 줄 아세요

세월 탓

세월이 저 혼자 앞서가는 줄 알았는데
지나온 흔적 돌아보니
서툴고 바쁜 건 항상 나였었네
시간은 언제나 그 걸음이고
그 길 위에 그 하늘인데
내 결단은 늘 늦었고
눈송이처럼 사라질 것들을 얻으려
허둥거리며 살아왔었네
그러고서는 이제 와
저 혼자 가버렸다고 세월을 탓하네
이제 그만하고
이 순간을 누리며 살아야겠네
그리운 사람에게 보고 싶다고
사랑한다고 말하며
못 이룬 꿈에 가슴 아파하지 말아야겠네
오늘을 살고 있음이 기적인 것을

기원

무슨 일 있는가 보다
구름이 바쁘게 몰려가고
금방이라도 눈물 흘릴 듯
사색이 되어 얼굴 돌리는 해님을 보니

올여름은 유난히 비가 잦다
쨍쨍하게 햇살이 비치다가
어느새 구름 몰려들어
여기저기 세차게 쏟아붓는다

세상이 정신없이 돌아가니
날씨도 따라가는 모양이다
허겁지겁 뛰어가는 사람들 꽁무니로
콰르릉 천둥이 친다

모두 아무 일 없기를

우아한 고독

작은 개천 한가운데
홀로 우아하게
허기진 아침상을 기다리는
백로 한 마리

무리를 떠나
은둔자로 살지도 못하면서
바라보는 눈길을 느꼈나
헛기침하듯 날개를 펼친다

서로 부대끼며
어울리며 사는 것이 삶인 것을
날갯짓 외로운
그대 우아한 고독이여

네가 왔구나

진달래 개나리 벚꽃이
다투듯 피어나고
메말랐던 가지에
새싹 돋아날 때
너의 발걸음 소리 들려온다

혹한에 힘들었던
견딤의 시간이 지나고
꽃들이 피어날 때
바램 저버리지 않고
드디어 네가 오는구나

기다림이 꽃이 되면
반드시 오리라 믿었는데
흐릿한 눈길 너머로
그리운 목소리 들려온다

네가 오는 날이 내겐 봄날이다

제3 부

마리아의 맨발

내 작은 힘으로
한 뼘 어둠이라도 밝힐 수 있는
그런 삶, 살고 싶어지는 순간입니다

마당 교회

마당은 내주는 곳입니다
누구든 품고 용납하는 곳입니다
부자와 빈자의 차별이 없는 곳입니다
사람을 외모로 구별하지 않는 곳입니다
화려하지 않는 곳입니다

애써 치장하려 들지 않는 곳입니다
누구든 슬플 때 울고 갈 수 있고
기쁠 때 소리쳐 웃고 갈 수 있는 곳입니다
그러면서도 마당은 늘 그대로인 곳입니다

남아공 케이프타운 인근 프렌치 훅
흑인과 유색인종 거주 지역
가정집 마당을 빌려 세워진 마당 교회는
고아와 과부와 가난한 자를
마당 같은 마음을 품고 섬기고 있는 곳입니다

멀지 않은 날 이곳 어린이 중에서
만델라와 같은 넓은 마음을 품은
지도자들이 많이 나와
이 땅을 변화시킬 것을 꿈꾸며
복음의 씨앗을 뿌리고 있습니다

마리아의 맨발

남아공 케이프타운 외곽 빈민촌
판잣집 12채에 17가족이 살고 있는 곳
전기가 안 들어오고
수돗물도 없는 곳
까만 피부에 반짝이는 눈빛의 어린 소녀에게
How old are you?
손가락 5개를 펴 보이는
마리아라는 아이의 차가운 맨발
30도를 웃도는 한국의 한여름에
겨울옷을 입고 간 남아공의 겨울 7월 중순
상처 난 마리아의 슬픈 맨발에
신발장 가득 쌓여 있는 신발들이 부끄럽다
탐욕스러운 지도자들과
불평등한 경제 현실을 말해 무엇할까
선한 사마리아인까지는 못되더라도
신발 한 켤레씩 신겨주고
아이들의 미래를 축복하며
돌아서는 발걸음이 무거워라

남아공 하늘에서 맞은 일출

아프리카 대륙의 끝 남아공
긴 시간을 날아와
눈 뜬 새벽

하늘 레스토랑에서
구름 양탄자 깔고
미소가 아름다운 스튜어디스가
따라주는 커피를 마시며
인도양 너머로 떠오르는
태양을 봅니다

어둡던 하늘이 멀리서부터
붉게 물들어가더니
어느 순간 불쑥
맑은 해가 솟아올라오며
온 세상이 환해집니다

내 작은 힘으로
한 뼘 어둠이라도 밝힐 수 있는
그런 삶, 살고 싶어지는 순간입니다

알래스카 화이트패스 철도

여유로운 신사 걸음으로
기차가 협곡을 건너 산정을 오를 때
국적과 언어가 다른 승객들은
추억의 황금을 캐려는 듯
덜컹거리며 풍경 속으로 빠져들고 있다

100여 년 전 영하 60도 강추위 속에
해발 3,000피트 가까운 정상까지
험준한 단애에 다리와 터널을 놓고
불가능을 가능하게 하기까지
얼마나 많은 피와 땀을 흘렸을까

골드러시의 산물로 남은 철길을 따라가며
금광 대신 숨 막히게 아름다운 풍경 속에서
꼼꼼히 그림엽서를 쓰는 노신사
야생화에 손 흔드는 꽃 같은 소녀
쏟아지는 폭포수 앞에 나도 풍경이 된다

바이칼

마지막까지 아껴 놓은 과자를
손에 들고 망설이는 아이처럼
그대 앞에 설레는 마음으로 섰습니다
그 깊이를 짐작조차 할 수 없는
그대 겉옷 자락을 스치며
조심스럽게 나아갑니다

청정한 그대 심연
잠시 어지럽히더라도
부디 거절하지 말아주오
그대를 마음에 담고 여기에 오기까지
소년이 건너온 세월을 헤아려보면
무성한 자작나무 숲도
족히 이루었을 듯하오

한여름에도 차갑지만
물결에 숨긴 잔잔한 그대 미소에
소중하게 갈무리해 두었던 꿈
헛되지 않았음을 감사하며
그대를 만남으로 인해
소년으로 돌아간
오늘이 행복합니다

트로이

헬레네
트로이가 전쟁에 휩싸이게 된 것을
그대의 눈먼 사랑 탓으로 돌리는 것에
동의하고 싶지 않소
오히려 영웅이라 회자되던 사내들의
욕망이 빚어낸 전쟁의 원인을
그대 탓으로 돌린 왕들의
사내답지 못함을 탓하고 싶을 뿐이오

그리스 연합군이
풍랑이 이는 바다를 건너며
금방 끝날 줄 알았던 전쟁이
10년을 넘어 지쳐갈 때
견고한 성 트로이를 무너뜨린
그리스 연합군의 목마작전은
용기를 넘어서는 계략의 승리로
역사에 길이 남아있지요

헬레네
전쟁의 원인이 된 그대의 아름다움과
영웅들의 용맹스러움

모두 시간의 흐름을 거스를 수 없었지요
아이러니하게도
트로이를 함락시켰던 목마는
먼 바다를 바라보며
승리의 전설을 이야기하고 있네요

희망봉

희망은 마음속에 있어도
그것을 이루기 위해서는
비바람 거친 파도 헤치고
넘어져도 일어서 나가야 하는
의지와 집념이 있어야 함을
희망봉을 오르며 되새겨봅니다

유럽에서 출발하여 대서양을 건너며
먼 항해에 지친 선원들이
환호성을 지르며 뛰어내렸을
케이프타운 희망봉에서 바라본
대서양과 인도양이 만나는 바다는
아름답기 그지없습니다

그러나 희망봉을 떠나
다시 인도양을 건너야 하는
고난의 항해가 남아있고
희망의 보석을 찾기 위해
항해의 돛을 올리려 했던 뱃사람들
그들 앞에 펼쳐졌을 바다는
여전히 거칠고 파도는 높기만 하네요

바이칼을 그리며

사모의 정이 깊어
그리움이 화석처럼 굳어져갈 때
예기치 않게 그대를 보게 되었지요
마치 꿈을 꾸듯
그대 앞에 섰을 때
떨리는 가슴
눈길 그 너머까지
어디가 끝인지 모를 그대

내 작은 가슴으로는
차마 그 모습 담을 수 없어
손 한 번 겨우 잡아봅니다
그리움이 병이 될 만큼
보고 싶었다는 말은
입 밖에 꺼내 보지도 못하고
황급히 떠나왔네요

며칠도 못 가서
그대 꿈을 꾸고 있어요
하늘도 품을 듯한
그대 맑고 깊은 심연에
내 마음 한 번 더
적시고 싶어집니다

바이칼 알혼섬

아침마다 솟아오르는 태양이
매일 밝게 빛나는 것은
바이칼 맑은 물에
온몸을 씻고 나왔기 때문이라 한다

대륙을 지나오던 구름도
먼지 낀 몸을 슬쩍슬쩍 씻고
서둘러 사라지고 있다

지난 밤 늦게
하늘 자리에 나타난 별들도
바이칼에서 몸을 씻다가
시간 가는 줄 몰랐기 때문이라 한다

지친 걸음을 바이칼 맑은 물에
살짝 담궜다 올린다

갈릴리 호수

새벽어둠을 걷어내며
잔잔히 물결치는 갈릴리 호수
고요 속에 들리는 주님의 음성
"믿는 모습이 나를 증거하게 살아라"

지나온 길 돌이켜보니
주님 뜻대로 살겠노라 하면서
말씀을 따르지 못했네
봉사와 헌신을 말하면서
힘들고 어려운 이웃 못 본체 했었네
겸손히 낮은 자세로 섬기겠노라 하면서
이름 드러나는 일 찾았었네

주님 걸으셨던 그 물에 발 담그고
더럽고 교만한 마음 씻네

눈빛

인도네시아 바탐 외곽
사랑의 집에서 만난
다섯 살 소녀의 검은 눈망울은
깊고도 슬펐다

말없이 무심코 바라보는 눈빛이
가슴을 훑고 지나가고
깜박거리는 눈망울 속에는
수천의 말들이 서려있다

이제 겨우 다섯 살
엄마의 사랑과
아빠의 보살핌이 당연한 나이인데
모두가 사랑에 고픈
언니 오빠들 틈에서 자란다

잠시 안아주고 떠나며
하나님의 사랑이
이 아이와 함께해 주실 것임을 믿기에
값싼 눈물 대신 축복하였다
GOD BLESS YOU

반딧불이

말레이시아 셀랑고 강변
맹그로브 숲속의 밤은
낮보다 아름답다
저문 강물이 마지막 빛 한 줌마저 삼키면
어둠을 밝히는 작은 빛들이
다투어 불을 밝히기 시작한다

어둠이 짙을수록
작고 희미하던 빛 점점 더 밝게 빛나
산골 마을 작은 예배당
크리스마스이브 트리처럼
강물 소리 캐럴 삼아
아름답게 반짝거린다

밤이 낮처럼 밝아진 세상에서
반딧불을 찾아볼 수 없지만
희망이 무너져 힘든 이들
아픔을 위로해 주는
마음속 희망 반딧불이가
저렇게 많아지기를 꿈꾼다

몽골 초원의 밤하늘

초원에서 길 잃은 어린양
집 찾지 못할까 보아
몽골 밤하늘의 별들은
졸지 않고 있네요

아름드리 침엽수림 위 별들은
왕방울 같은 눈을 부릅뜨고
숲속 구석구석을 비추고
잔잔한 호수 위 별들은
물결 따라 찰랑거리며
자장가를 부르고 있네요

서울 하늘에서는
찾아보기 힘들었던 북두칠성이
목마른 양들에게
홉수골 맑은 물을 떠다 주려는 듯
밝게 빛나고 있네요

손에 잡힐 듯 별 하나마다
어릴 적 꿈들이 반짝반짝 빛나고 있는
몽골 초원의 밤하늘 아래서
꿈 찾아온 나그네는 잠 못 이루네요

아디오스

남미 에콰도르 아마존 정글에서 만난
어린 손녀는 맨발이었습니다

그래도 하얀 셔츠는 깨끗하네요
선물로 가져간 사탕을 주었더니
받았노라고 손사래 칩니다
손짓 몸짓해가며 더 가져도 된다고 하니
겸연쩍게 손 내밀며 빙긋 미소 짓는
그 눈빛이 참 선하네요
뜻이 통하지 않는 우리말로
축복하며 안아주니
작은 가슴이 참 따뜻합니다
헤어질 때
그 눈빛에 빼앗긴 마음
다시 찾으러 오고파
서투르게 "아스타 루에고" 하니
"아디오스"라며 손 흔드네요.
어린 그가 내가 다시 오지 못할 것을
알았나 봅니다

"아디오스"
오랫동안 귓전을 맴도는 그 음성에
축복하며 기도할 것밖에 없었습니다

갈라파고스의 꿈

그날이 또 다른 그날로 이어지는
반복되는 일상에서
날개 꺾인 새처럼 마음이 무거워지고
하늘을 나는 자유가 그리워질 때
도무지 알 수 없었던 곳
갈라파고스를 꿈꾸었지요
갈 수 있는 길이 보이지 않아도
꿈꾸는 그 순간부터
길이 만들어지고 있었네요

마침내
꿈에 그리던 그 땅에서
태곳적부터 살아왔을
거북이 물개 이구아나 같은 동물들과
나중에 터를 잡았을 사람들이
함께 어울려 사는 모습을 보며
"그때에 이리가 어린양과 함께 살고
표범이 어린 염소와 함께 노는"
평화로운 모습을 그려 보았어요

꿈꾸지 않고 사는 것은

하루하루 죽어가는 것이라는 걸
갈라파고스를 떠나며 깨닫습니다
그대 꿈꾸는 자 돼라
너무 멀어 보이지 않을지라도
꿈꾸는 순간부터 변화는 시작되고
길은 만들어지리니

알래스카 피오르드 fjord 빙하

가슴 저미도록 짙은
코발트빛 협만 fjord에
점점이 떠 있는 크고 작은 유빙들
오랜 세월 켜켜이 쌓이고 쌓여
단단히 묻혀있던 사연들이
뜨거운 눈물로 지워지고 있네

저기 저 큰 유빙은
누구의 땀방울 맺힌 사연이었을까
무수히 많은 저 작은 유빙들은
누구의 못다 한 고백들이었을까
골짜기를 흘러내리는 물줄기는
헤어짐이 아쉬운 누군가의 눈물이었을까

수백만 년 간직했던 사연들이
저렇듯 소리 없이
슬픈 소멸을 맞고 있는데
나는 지금
무엇을 해야 하나

시베리아 횡단 철도

가슴속까지 푸른 물이 들 것 같은
끝없는 초원
하얀 손 흔들며 반기는 자작나무 숲
쉬지 않고 달리는 동안
누구도 이름을 불러주지 않지만
넓은 초원의 주인으로
당당하게 피어있는 야생화들
환한 미소가 아름답다

먼 옛날 어느 시절
우리 조상들이
말을 타고 힘차게 내달렸을지도 모를
저 드넓은 벌판을
시베리아 횡단 열차를 타고 달리며
이 끝없는 철길이
부산에서 출발하여 평양을 지나
유럽까지 달릴 그날을 꿈꾸어본다

곶자왈

잣담 넘어 암소 세 마리
한가로이 평화를 되새김질하고
숲속 가득 싱그러운 풀 냄새
조급했던 마음속을
푸른 향기로 채우네

산새들의 노래 장단
발걸음을 가볍게 하고
이슬로 막 얼굴 씻은
야생화들의 해맑은 미소
번잡했던 생각들을 떨치게 하네

추억을 만들고
아름다움을 함께 나누는
벗들이 있어 더 행복한
바다 건너 제주에서 누리는
늦은 봄날 곶자왈 풍경

제4 부

아리랑

마음은 항상 따뜻하게
머리는 단정하게
옷은 깨끗이 입고 살자

조금 늦은 깨달음

어느 길로 가야 할지
방향을 못 잡고 있을 때
낯선 길 안내해 주는 내비게이션처럼
자상한 깨우침을 주는
스승이 계신가

텅 빈 두 손이 시리고
지친 걸음에
삶의 무게가 어깨 짓누를 때
말없이 손잡아 주는
친구가 있는가

치열한 삶의 현장에서
자존심 다 버리고
힘에 부치도록 일하다 지쳐 돌아올 때
따뜻하게 맞아줄 가족이 있는가

비록 재물과 권력을 얻지 못하였어도
자상한 스승과
다정한 친구와
사랑하는 가족이 있다면
그대 성공한 인생이네

새해 다짐

시간을 아끼되
방향 없는 부지런함에
헛걸음하지 말고
노년의 때를 위해 절약하되
벗과 한 끼 식사의 여유를
준비하고 살자

나이 들어 다른 사람
힘들게 하지 않도록
꾸준히 운동하고
남들 시선에 신경 쓰지 말되
마음은 항상 따뜻하게
머리는 단정하게
옷은 깨끗이 입고 살자

무엇보다
어제보다 오늘을 더
행복하게 살자

아리랑

기쁠 때는 흥에 겨워
슬플 때는 서러움에 북받쳐
눈물 젖어 부르던 탄식
아리랑 아리랑 아라리요

연해주 시베리아 동토의 땅에서
동남아 열대우림에서
울음을 삼키며 부르던 노래
아리랑 아리랑 아라리요

힘이 없어서 분단된 나라
하나 되어 통일되는 그날
남북이 손잡고 목청껏 부를 합창
아리랑 아리랑 아라리요

청보리밭

그대여 우리
희미해져가는 청춘의 꿈 찾아
5월 청보리밭에 가봅시다

푸른 초원에 함께 서면
청춘의 봄날들
물결치듯 되살아나고

눈이 시리도록
푸른 향기
온 맘을 물들이네요

그대여 우리
5월 청보리 물결에 묻혀
잊힌 푸른 꿈 다시 일으켜요

봄소식

나뭇가지를 흔들며
지나가는 바람이
가만히 말해주었나
남녘에서 누군가 다녀가며
살짝 알려주었나
봄이 아직 먼듯한데 활짝 핀 매화

누가 말해주지 않아도
생명의 씨앗에
새겨진 본성이
차갑게 스치는 바람결에 숨겨진
봄의 온기를 알아챘노라고
상큼하게 웃는 매화

눈길 돌려 주변을 보니
고운 미소로
바쁘게 봄소식 준비하고 있는
사랑스러운 작은 꽃들의
아름답게 속삭이는 소리
먼지 낀 겨울옷 벗고 봄맞이 오라네요

비설
−제주 4.3 평화공원에서

한라산에서 화전 일구고
산나물 뜯고 살아온 우리에게
좌나 우의 이념은
알지도 못하고 알 필요도 없어서
온 동네가 한 식구처럼 살아왔는데

가여운 나의 아가야
어쩌다 우리가 이렇게 쫓기는 몸이 되어
이 엄동설한에 이유도 모르고
사냥꾼들에게 쫓기는 노루처럼
눈 내리는 산속을 달리고 있구나

저들도 더운 피가 흐르는 사람인데
천사 같은 나의 아가야
저들 눈에는 너도 노루새끼같이 보였나 보다
하얀 눈발 속에 남겨진 노루 발자국 찾듯
토벌대의 총구가 우릴 향하고 있구나

그 높고 넓던 한라산에
우리 모녀가 숨을 곳이 없구나

천사 같은 나의 아가야
우리 좌도 없고 우도 없고 이념도 없는
평화로운 곳에서 다시 만나자

아가야
비록 죽음의 강을 건널지라도
함께여서 다행이다

장미

봄이 떠나가면서 보낸 연서가
지금 막 도착하였습니다
그날 이후 줄곧
담장 너머로 목 내밀고
어서 빨리 읽어 달라고 성화입니다

화려하지만 천박하지 않고
향기롭지만 진하지 않으며
상냥하지만 가볍지 않은
아름다운 계절의 편지가
담장 위를 환하게 밝히고 있습니다

갈 길 잠시 멈추고
깊이 숨을 고르고
저 당당한 유혹의 눈길에
어디 한 번 빠져보아요
시간이 그리 많지 않으리니

마음

때로는 한없이 넓어
바다를 품을 듯도 하고
높은 산과 벌판까지
두루 안을 듯도 하지요

그런듯하면서도 실상은
바늘 끝보다 좁아
비집고 들어갈 틈이 없고
사소한 것도 용납하지 못한 적 많았지요

비워낸다 하면서 뒤돌아보면
더 많이 채우려는 욕심
그것이 헛된 욕망인 줄 몰랐습니다

마음을 다스린다 하면서
그 마음 어찌할 수 없어
오늘도 두 손 모으고 무릎 꿇습니다

도락산

수려한 경관도
산세나 높이가 빼어나지 않아도
양주 도락산은 친구 같은 산이다

어디서나 쉽게 오를 수 있고
까칠하지 않은 부드러운 흙길이지만
정상에 가까워질수록
숨이 차고 땀이 흐르는 산비탈은
속정 깊은 친구의 마음이다

오늘도 친구와 동행하듯
소나무 잣나무 밤나무와 이야기하며
홀로 핀 원추리꽃에 눈을 맞추면서
도락산을 오른다
뻐꾸기도 대화에 끼어들고
예민한 고라니 식구도 만난다
나도 이런 친구가 되고 싶다

다음은 없다

삶이 고달프고
인생이 불공정하다고
원망하고 불평하지 말라
삶은 원래 그런 것이고
인생은 불공정한 것이다

한라산 해발 1,800미터 부근
하루에도 열두 번 날씨가 변하고
차갑고 거센 바람 불어
키 작은 식물들만 사는 곳
잠시 바람이 뜸하고
따사로운 햇볕 비추자
검은 돌 틈에 작은 꽃 한 송이
때맞추어 꽃피웠다

눈보라를 피하지 않고
비바람 앞에서 두려움 없으며
채이는 돌부리 탓하지 않는다
따사로운 햇살 들 날
준비하고 기다렸다가
드디어 가장 아름답게 꽃피웠다
다음은 없으니 때를 놓치지 말자며

수선화

겨울밤 하늘에
빛나던 별이
이른 봄날
노란 꽃으로
활짝 피었습니다

시린 하늘에서
서둘러 내려와
따뜻한 햇살 아래
상큼한 바람 머금고
방긋 미소를 날립니다

봄이 왔다고 속삭이는
낮에 뜬 노란 별이
사랑스러워
고개 숙여 눈 맞추며
반갑게 인사합니다

가파도

4월 가파도에 가면
바람에 흔들리는 청보리밭
쉼 없이 물결치는 바다
한없이 높은 하늘까지
모두 푸르고 푸르다

청보리밭에 서면
가슴에서는 푸른 물결이 치고
생각은 하늘까지 닿을 듯
청춘의 한낮처럼
마음이 새롭다

청춘의 날들이 그립거든
청보리가 푸른 옷을 벗기 전
머뭇거리나 주저하지 말고
섬 안의 작은 섬
가파도에 가서 푸른 꿈 꿔보자

백마를 찾아서

말찻오름에 오릅니다
옛날 칭기즈칸에게 진상하던
백마가 남아 있어
가끔 바람처럼 나타난다 하여
말 발자국이라도 찾을까
샅샅이 살피며
산을 오릅니다

정상에 오르자
백마는 보이지 않고
휘이잉 ~
소리에 뒤돌아보니
등성으로 불어오는 바람소리
백마는 찾지 못하고
흰 바람소리 가득 담아 내려옵니다

*말찻오름: 제주시 교천읍 교래리에 위치한 오름

마음의 집

내 마음속에
집이 몇 채 있습니다

사랑의 집은
크고 아름답게 짓고 싶은데
들여다보면 형편없이 쪼그라져있어서
스스로 보아도 민망해지곤 합니다

미움의 집은
허물어 없애버리고 싶은데
잠시 돌보지 않으면
불쑥불쑥 층이 높아져있습니다

욕망의 집은
다른 이에게 보이고 싶지 않은데
수시로 색깔과 모양이 바뀌어
숨기고 싶은 마음 들키게도 합니다

이외에도 여러 채의 집이 있지만
올해에는 누구든 쉬어가도 될
마음 편한 집 두어 채 더 지어
시린 마음 위로해 주고 싶어집니다

가을 호숫가에서

바람결이 차가운데
야윈 가을 산을 품고
호수는 말없이 고요하다

마른 침묵을 깨고
흰머리 날리며 부르는
억새의 휘파람 소리
바이칼호수 찬바람을
한아름 담아온
청둥오리 한 무리
호수에 즐거운 파문을 일으킨다

가을이 통째로
호수에 자맥질하고 있다
계절이 또 저리 가고 있다

제5부

꽃피우다

보이지 않는 손길이 있었기에
일생이 은혜였음을
감사하며 살겠습니다

은혜를 은혜로 아는 복

가뿐히 일어나
아침 식사를 하고
바쁘게 출근하여
부지런히 살아온 날들이
당연한 일인 줄 알았습니다

사랑하는 사람을 만나
가정을 이루고
때가 되어 예쁜 자녀를 낳아
건강하게 기르는 게
당연한 일인 줄 알았습니다

또 한 해가 저물어
뒤돌아보니
지나온 모든 날이
어느 것 하나
내 힘으로 된 것이 없었습니다

이른 비와 늦은 비가
생명을 살리고
보이지 않는 손길이 있었기에
일생이 은혜였음을
감사하며 살겠습니다

은하수 꽃

송악산 분화구에
은하수 별들이 떴습니다
흐린 밤하늘 은하계를 떠나
지구별 제주 해안에
작은 꽃으로 피었습니다

무심히 스치면 볼 수 없지만
파도가 들려주는 이야기 들으며
천천히 걷다 보면
은하별 찾아온 어린 왕자도
만날 수 있을 거예요

산책길에 만난
작은 꽃들에서
꽃처럼 아름다운
동화 한 편 읽습니다

꽃피우다

꿈꾸는 것을
포기하지 않으면
수익이 확실히 보장되는 장사이다

서귀포 강정 바닷가
카페 '꽃피우다'
산토리니에서 본 듯한
하얀 2층 흙벽 집
정원 구석구석 아름다운 꽃들
아기자기한 소품들
정성스런 손때 묻은 장식들까지
젊은 시절 꾸었던 꿈이
70이 넘어 꽃 피고 있다고
소녀같이 미소 지으시는 사장님

꿈꾸세요!
늦었다고 포기하지 마세요
내일은 꽃이 필 겁니다

애월 해변 무인 Cafe

제주 서쪽 애월 해변
작은 무인 카페 Bridge
아기자기한 정갈함 속에서
바람과 파도 소리 들으며
마시는 커피가 향기롭다

바람이 실어 오는 파도 소리
아름다운 음악이 되고
아스라한 수평선 위 그림은
천상의 화원
커피 한 잔으로 누리는 호사다

누군가에게 방해받지 않고
빈 마음 위로받고 싶으면
파도와 바람 소리 Bridge 삼아
수평선 너머까지 담을 수 있는
애월 해변 작은 카페에 가보라

아프다

아름답게 핀 저 꽃들을
바라보는 건 아픔이다
살아남은 자들은
해마다 4월 이맘때쯤 피어날
저 꽃들을 바라봄이 아플 것이다

꽃봉오리 같은 청춘들이
채 피어보지도 못하고
눈앞에서 어이없이 스러져간
잔인한 계절이 아프다

하염없이 눈물 흘리는 것밖에
아무것도 할 수 있는 일이
없다는 것이
아프고 아프다

멀지 않은 날
모두 다시 만날 수 있으리니
이 땅에서 피어보지 못한 꽃
하늘나라에서
아름답게 피워내거라

서귀포 해변

삶은
외롭고 고달파도
살아가는 것

서귀포 해변
검은 돌 틈 사이
돋아난 작은 풀
봄바람에 서둘러
싹 틔웠네

예측할 수 없는 바람이
생명의 씨앗을
좋은 땅 다 놔두고
하필 이곳으로
날려 보냈으니

그런들 어쩌랴
이렇게
바람에 흔들리면서도
꽃피워야 하는 것이
삶인 것을

제주의 봄

물러서지 않으려는 겨울과
계절의 최전선에서
밀고 밀리는
치열한 접전을 벌이다
툭 떨어진 동백꽃

뚝뚝 떨어지는 눈물덩이 같은
붉은 동백꽃잎 자락을 깔고
성산포에서 산방산까지
노란 물감 뿌리는 유채꽃

봄
봄입니다!
동백꽃이 열어놓은 길을
유채꽃이 활짝 펼치고 있으니
연이어 피어날 꽃들의 잔치에
마음이 벌써 달려갑니다

텅 빈

KTX 기차를 타고 바라본
2월 어느 날 차창 밖 풍경

텅 빈 논
텅 빈 황토밭

텅 빈 들판은
가득 찰 봄을 위한 비움

그리움으로 채워질
텅 빈 마음도 보입니다

가는 봄

꽤 요란스레 왔다가
잠깐 얼굴만 보이고 가는 손님처럼
봄이 또 그렇게 가고 있네요

가는 봄 붙들고
어린아이 웃음소리 같은
연녹색 나뭇잎들
향기로운 아카시 꽃
아직 한창인 붉은 장미꽃
좀 더 볼 수 있게 해달라 사정해도
그냥 떨치고 갑니다

떠나는 발걸음 붙잡을 수 없기에
그 아름다운 모습
은은한 향기 담아두고 파
가만히 눈 감고 귀 기울입니다

봄비

설레는 바람과
서성거리던 햇빛이
마음 문 흔드는 소리
알아차려야 했었는데
무던했던 가슴 한복판으로
봄비가 내립니다

남녘 꽃 소식에
달려가고 싶었던 마음
아련하게 적시는 봄비 소리
내일이면 활짝 피어날
아름다운 꽃들의 춤사위
빗방울이 그립니다

꽃피우는 봄비같이
되살리는 삶을 원하는
그런 날입니다

2월에

부끄럽습니다
새털같이 많은 날들이라고
쉬이 보낸 시간들
아쉬워할 줄 모르고 스친 인연들
시기를 놓쳐버린 위로의 말들
간절함이 빠져버린 기도들
……

혹한의 추위에도
언 땅속에서 봄날을 준비하는
살아있는 것들에게
어서 봄 길을 터주고파
생명의 시간을 깎아낸
2월의 시간표 앞에서
참 부끄럽습니다

석양

한낮의 위세 눈부셔
쳐다볼 수 없더니
바닷물에 몸 담그려 광채를 벗자
겸연쩍게 미소 짓는
해맑은 얼굴

지는 해 품에 안으며
밤의 창문을 여는 바다
잔잔히 떨리네

아카시 꽃길

추억을 부르는 향기
며칠째 가슴을 두드려도
못 들은 척 외면하다
오랜만에 찾은 뒷산

오실 날 기다렸노라며
하얀 아카시 꽃들이
작은 오솔길 가득
어여쁜 카펫을 깔았네요

흰 구름 속 꽃길을
나는 듯 거닐며
향기에 취하고
산들거리는 감촉에 빠져있을 때

아름답게 빛나는
푸른 5월이
향기로 꽃피운 어여쁜 봄날이
꽃잎 지듯 산을 넘고 있네요

꽃비

섬진강 강변 따라
밤을 새우던 소녀들의 수다
재잘재잘 허공에 휘날리고

쏟아지는 명랑한 수다를
이리저리 짓궂게 굴리는 바람은
장난기 넘치는 소년들의 웃음소리

따스한 햇살 받아
즐거운 수다와 장난 속에
봄날은 간다 또 다른 새봄을 위하여

제6부
이름 없는 꽃

오랫동안 소식을 전하지 못한
그리운 이의 얼굴이
언뜻 스쳐 갑니다

봄의 왈츠

온 산천을 가득 채운
5월 연초록 향연에
바람은 계곡을 타고 오르며
오케스트라를 연주하고
그린 드레스 입은 무희들
하늘 마루 위에서
손에 손잡고 경쾌하게
왈츠 한마당 추고 있네요
이 계절 다 가기 전에
Shall we dance?

어느 가을날

바다를 건너온 바람 한 점이
고요한 마음 한가운데를
흔들고 지나갑니다
지난 여름내 햇볕이 만든 향기가
바람결에 묻어옵니다
오랫동안 소식을 전하지 못한
그리운 이의 얼굴이
언뜻 스쳐갑니다
시간의 방충망에 갇혀 허둥대지 말고
오늘의 기쁨을 누리며 살라고
산 넘어온 바람이
덜컹
가슴을 흔들고 지나갑니다

겨울에게

함께했던 추억
차가운 눈물로 뚝뚝 떨구고
가을이 떠난 자리에
저 멀리서 흰머리 날리며
성큼성큼 다가오는
겨울의 옷자락 보입니다

그와 함께 이 한 계절
또 살아봐야겠지요
때론 우악스러운 그의 손길이
아프고 매섭기도 하겠지만
한없이 여린 속내도 알기에
다짐과 희망을 함께해봅니다

잘 살아보아요 우리

가을 향기

노랗게 익은 모과
쳐다만 보아도 향기롭다
살아오면서
저런 향기로
누군가를 행복하게 한 적 있었는가
튼실한 나무에
아름다운 실과들이
계절을 향기롭게 한다

참 좋은 계절
나도 향기로 기억되는
사람이 되고 싶다

이름 없는 꽃

이름 없는 꽃은 없답니다
이름 모르는 꽃이 있을 뿐이지요
가끔 보고 지나치는 사람의 이름을
그대가 모를지라도
그에게 부르는 이름이 있듯
모든 꽃에는 이름이 있답니다

그대가 그 이름을 알고 다정하게 부르면
꽃잎이 흔들리며 대답하는 모습을
볼 수 있을 겁니다

지금까지 늘 보아왔으면서도
이름 모를 꽃이 있다면
가까이 다가가 눈을 맞추며
조용히 말을 걸어보세요
바람과 햇볕이 함께 이야기하자며
곁으로 다가올 거예요

그대는 오늘
우주의 언어로 꽃과 바람과 소통한 첫날을
오래 기억하게 될 것입니다

산다는 것은

낯선 것들과 두렵고도 설레는 만남
사랑하고 이별하며
반복되는 일상에서
기쁨과 슬픔을 겪어가는 것

만남과 헤어짐이 쌓여
그리움이 더해지고
매 순간 새롭게 부딪치는 것들에
서툴게 익숙해지는 것

결국은 더 많이 가지려
움켜쥐었던 모든 것 내려놓고
몸과 마음 다 비우고
믿고 행한 대로 본향으로 가는 것

비망록

은혜는 돌 판에 새기고
원망은 모래 위에 새기라는 말씀 기억하며
한 줄 그었습니다

마음 깊이 새겨진 많은 사연
더러는 시간의 모래에 씻겨
흐려지기도 하였지만
곤핍할 때 받았던 마음마저
그리 쉽게 지워질 수 있나요
시간이 지나도 도리어 더 깊게 새겨지는 걸요

오늘 그 많은 은혜 중 하나의
먼 길 다녀와 등짐 벗듯 한 줄 그었습니다

그 후에도 더 선명히 드러나겠지만
사랑의 빚 외에는 지지 말라는 말씀 따라
줄 하나 그었을 뿐
아직 많이 남아있는
기억의 비망록 속 목록 하나하나가
흐드러진 꽃 보듯 행복하게 합니다

나목

바람 끝이 칼날인데
피할 곳은 없다
그저 견딤에 익숙해진 것을 믿을 뿐
기댈 곳도 없다
계절의 순리를 기다릴 뿐이다

가끔은 상하常夏의 나라를
꿈꾸기도 하였고
하늘을 나는 자유로운 영혼
소망한 적 있었지만
고단한 날개 쉬어갈
야윈 어깨 내어줄 수 있음이
유일한 위안이다

계절은 아직 멀고
뿌리까지 파고드는 아픔 여전하지만
견딤의 날 그 뒤를 바라보며
흐린 겨울 하늘 향해
싱긋 미소 짓는다

꽃피는 봄날에

사랑을 부르는 노랫소리
온 천지에 가득한 봄날
무엇을 주저하고 있으리오
나도 저들과 하나 되어
맘껏 노래 부르고 싶어라

높은 음절은 복사꽃이
낮은 목소리는 울 밑 제비꽃이
바람이 시샘하여도
사랑 그 각자의 몸짓을
목청껏 노래하네요

사랑해서 행복한 날
각각의 색깔과 음정으로
노래 부를 수 있는 청춘의 날
늘 있지 않으리니
이 순간을 힘껏 노래해요

6월 밤의 합창

기-인 6월의 해가 저물면
무논 물밑이
조심스럽게 술렁인다
어둠에 밀려난 포식자들이 눈 감을 즈음
이윽고 한 놈이 선창을 시작한다
개골
개골 개골
개골 개골 개골 개골 개골

휘모리장단에 맞춘 듯
제 흥에 겨운 합창이
시끄럽기도 하지만
토끼도 무서워하는 저 연약한 것들이
목청껏 노래 부를 수 있는 때가
이때 아니면 언제 또 있으랴

개골 개골 개골 개골 개골

상사화

그대 떠난 빈자리에
그리움 남고
꽃잎 진 자리에는
서러움 남네

그대 보고파
새벽 찬서리 마다치 않고
견딤의 시간도 감사하며
기다림의 꽃피워올렸건만

사랑아
그리운 사람아
다시 그대를 만날 수 없어도
나는 그대 기다리며 피어나리

동백꽃

소금기 밴 해풍을 견디어내고
해맑은 꽃을 피우면
파도가 손뼉 치고
바람이 춤을 췄지요
그 꽃길 따라 봄이 왔던 기억
뿌리에 새기며
먼 육지로 뽑혀왔어요

Rivers of Babylon
바빌론 유수와 같은
도회지의 빌딩 속에서
봄이 와도 그 환한 꽃피우지 못하고
갯내 풍기는 바닷바람 그리워
눈물 삼키며 노래했지요

좌절과 상실의 밤
가지가 꺾이고 잘리는 날들
그 인내와 염원이 쌓여
드디어 붉은 동백꽃 피워냈어요
거스를 수 없는 시간이기에
이 봄이 더 아름답습니다

봄 쑥

겨울이 머물다 간 자리에
파랗게 돋아난 봄 쑥

산 들 어디에서나
흔하디흔하게 볼 수 있지만
음식으로 약재로
쓰임새 다양한 식물

입맛 돋우는 쑥국처럼
혹한을 견딘 아픔 위로하고
시린 속 따뜻하게 해주는
봄 쑥 같은 사람이 되고 싶다

오늘 저녁은 맛있는 쑥국 끓여
향긋한 봄을 맛볼래요

그 집 풍경

이 무더운 여름

아이들 웃음소리
담장을 넘고

도란거리는 목소리
들릴 듯 말 듯 한데

활짝 핀 수국꽃
울타리를 넘어

환하게 인사하네

행복을 위한 금언

미안해
지금 막 그 말을 하려고 했는데
잠시를 참지 못하고 화내서

고마워
그래도 맞대서 화내지 않고
입술 깨물고 참아주어서

사랑해
성마른 나와 지금까지
그리고 앞으로도 함께하여 줄 테니

| 해설 |

인자무적仁者無敵의 겸손으로 삶의 거울을 비춰내는 세계

– 손치하 시집 『갈라파고스의 꿈』을 읽고

이오장

인자무적仁者無敵의 겸손으로 삶의 거울을 비춰내는 세계

—손치하 시집 『갈라파고스의 꿈』을 읽고

이오장 시인

　일상에서 '언어란 무엇인가'라는 질문에 기본 특성을 무시하고 애매한 답변을 해도 충분히 이해된다. '언어는 소통이다' '삶을 위한 수단이다' '인간이 갖춘 최대의 기능이다' 등 기본적인 언어의 특성을 말해도 아무런 이상이 없다. 그러나 언어는 인간의 삶에 따라 진화한다. 어제의 답이 오늘은 무시되는 그런 시대에 우리는 살고 있다. 언어는 소리와 의미를 연결하는 모든 능력을 가리키며, 그것을 받쳐주는 구조까지도 아우르는 개념이다. 이런 인식과 더불어 일반적인 언어 사용이 갖는 창의적인 특성에 대한 관심이 집중된다.
　인간의 삶은 독특하게도 끝이 없는 무한한 영역과 마주치는데 그것이 우리가 생각할 수 있는 본질이다. 언어는 유한한 수단을 무한히 활용해야 하며 언어와 사고를 일치시키는 능력을 통해 언어를 구사할 수 있다. 그것은 창의적인 언어를 통해서 이뤄지며 언어와 사고의 가장 내밀한 본질을 더 깊이 이해하는 것이다. 시는 언어로 이뤄진 삶의 표현이다. 삶의 체험을 통하여 얻은 사고와 이해를 먼저 해석하고 독자들에게 자기 뜻을 공감하게 하려는 목적을 가진다. 한마디로 말한다면 삶의 소통이다. 소통은 가장 쉬운 방법을 통해서 이뤄지고 서로의 뜻이 합해져야 가능하다. 자신의 체험을 있는 그대로 거울에 비춰내듯 밝혀야 상대방도 쉽게 이해하고 동조한다. 시인은 언어의 창조자라 불리는데 새로운 창조가 아니라 언어의 기능을 새롭게 구성하고 먼저 사용하는 사람이다. 그러나 기본적인 언어를 재구성하는 것에 사회 통념을 벗어나면 이뤄지지 않는다. 소통되지 않는다면 그 어떤 창조도 공감을 받지 못한다.

손치하 시인은 소통의 시인이다. 사람이 경험할 수 있는 모든 체험을 통하여 그것에서 얻은 삶의 철학을 아무런 가감 없이 펼친다. 언어는 꾸밈의 옷을 입히는 게 아니고 가장 진솔하게 전달하는 것이다. 조금의 변형을 준다거나 합성 의미를 섞는다면 소통의 목적을 벗어나는데 손치하 시인은 그것을 이해하고 작품을 쓴다. 10년 전 첫 시집 『작은 위로』를 발간한 후 더욱 낮은 자세로 삶을 천착하고 사물과 교감한다. 사랑, 은혜, 그리움, 배려, 겸손, 화합 등 인자무적(仁者無敵)이라는 말을 되살리듯 겸손의 소통을 원한다. 이것은 타인의 얼굴을 비춰보는 거울은 나의 생생한 얼굴이라는 것을 이미 터득하였고 진리를 탐구하는 맑은 눈과 굳건한 믿음의 정신으로 이뤄낸 결과다. 타인이 없는 인간은 인간으로 존재할 수 없다는 것과, 내가 꿈꾸는 어떤 존재, 그러나 현실적으로는 존재하지 않는 그런 이상이 아니라 이웃과의 사랑을 원하며 낯선 것과의 교감을 원하는 자세다.

1, 포용하고 베풀어 화합을 이루는 사랑법

너와 나의 관계는 타자와 인격적으로 만난다. 사물이나 물건처럼 취급하는 게 아니라 서로를 존중하고 인격을 믿으며 정신적인 교감의 만남이다. 일반적으로 사람은 친구 아니면 적이라 간주하는 것이 대부분이지만 그것은 모든 것을 이분법으로 나누려는 본능 때문이다. 생존을 위해 다른 사람이나 집단과 적절한 관계를 설정한다. 잘못하면 손해 볼 수가 있고 삶이 피곤해진다. 그렇다고 생존을 위한 타협을 인위적으로 할 수는 없다. 인연은 그래서 중요하다. 사람과 사람 사이의 연분 또는 상황이나 일, 사물과 맺어지는 관계에서 삶의 질은 결정된다. 하지만 모든 것을 포용하고 사랑을 베풀면 전부가 통한다. 적이 없고 비난이 없으며 사회의 모든 부분에서 앞장서게 된다. 손치하 시인은 그런 시인이다. 그의 시를 살펴보면 알 수 있다. 가감 없이 그대로 제시하는 시어에서 우리는 무엇을 고민할 필요가 없다. 본질에 충실하여 담백하게 풀어낸 작품세계를 그대로 보여주기 때문이다. 이해의 수고를 덜어주니 편히 소통하면 될 일이다.

4월 연둣빛 새싹같이 빛나던 눈빛
목련꽃 자태로 고왔던 흰 뺨
탐스럽게 출렁이던 머리칼
그녀는 긴 머리 소녀였어요

세월의 강을 건너며
마음은 그 눈빛 그 얼굴 그대로인데
긴 머리 그 소녀
이제 흰머리 소녀가 되었네요

그대 슬퍼하지 말아요
우리 함께 지나온 시간이
때로 어렵고 힘들었어도
늘 믿음으로 함께했지요

4월은 그대의 계절
영원히 사랑합니다

― 「흰머리 소녀」 전문

 아내에게 바치는 사랑의 맹세다. 삶의 결과를 계산하지 않는 사랑의 셈법을 풀었다. 살면서 가장 가까운 사람은 부부다. 자식을 몇이나 두고 효도를 다 한다고 해도 배우자를 넘지 못한다. 남녀의 구별은 분명하게 나뉘어 있으나 하나로 합쳤을 때 비로소 삶을 일으킨다는 것은 만고의 진리다. 부부의 화합으로 인류는 발전하고 영원히 지속된다.

전혀 모르는 상태로 만나 가정을 이루고 그 가정의 영향으로 사회가 발전하며 국가를 이루는 것이다. 어느 한쪽이 떠난다면 가정은 깨지고 부작용이 많이 남는데 요즘 세태에는 그런 가정이 아주 많아서 사회적인 문제로 대두된다.

  손치하 시인은 이 작품으로 삶을 함께한 아내에게 자신의 진심을 보여주고 사회의 기강이 흐트러지지 않게 하는 영향을 준다. 연둣빛 새싹으로 빛나던 눈동자, 목련의 우아한 자태를 지녔던 얼굴이 세월의 흐름으로 변한 아내의 모습을 보면서 회한에 젖는다. 길다면 긴 그 세월에 고난을 함께 하며 길을 개척한 동반자가 어느새 저렇게 늙었을까. 모두가 자기 잘못이라 뉘우치며 아내에게 고백한다. 어렵고 힘들어도 믿음의 동반자로 하늘의 명령을 다 했으니 그것 또한 영광이 아니겠냐고 아무리 늙고 병이 들어도 아내의 모습은 옛날 그대로 가슴에 간직되어 있으니 그 사랑 또한 변하지 않는다는 맹세를 더 굳건하게 한다.

  사회적인 명성을 얻고 많은 재산을 쌓았어도 가장 가까운 동반자의 뜻을 얻지 못한다면 그 성공은 절반이다. 가화만사성은 그래서 영원한 진리이며 절대자의 가르침이다. 그것을 일깨워 자신부터 실천하는 시인의 심성은 시 쓰기의 기본이라 하겠다.

    길은
    물음이며 답이다

    어디로 가야 할지

어떻게 가야 할지
묻고 또 물으며
바른길 찾아
끊임없이 걸어야 한다

매일 새로운 시작이고
끊임없는 과정이며
가다 돌아서기도 하지만
또 다른 길로 이어지는
관계의 연속이다

오늘 걸어왔던 길
뒤돌아보며
나 오늘 잘 걸어온 거야
또 묻는다

-「길」 전문

　맨 처음 길을 만들어 가는 사람은 선각자이다. 미지의 세계를 개척하여 사람의 삶을 편리하게 만들고 인류의 발전을 위해 헌신하는 일은 쉽지 않은 일로 모험심과 영웅심 그리고 희생정신이 없다면 불가하다. 어느 한 곳에서 다른 곳으로 이동하고 생활에 필요한 물품을 구하며, 삶의 터전을 넓히는 것은 공통의 생각이지만 아무나 나서지 못한다. 그뿐만 아니라 공간을 이동하고 삶의 철학이나 학문을 처음 연구하여 그 길을 만드는 것도 이와 같다.

사람이 미지의 세계를 뚫어보고 그것을 위하여 연구하는 일과 다른 곳으로 옮겨 다닐 수 있는 공간을 확보하는 것 모두가 길이라고 부르는 건 삶에 지대한 영향을 주기 때문이다. 손치하 시인이 "길은 물음이고 답이다"라는 철학적인 명상의 말을 외치는 것은 진리다. 예로부터 성인이라 불리는 선각자들의 가르침 같지만 인류의 공통된 사유로써 누구나 품고 있는 생각이다. 어디로 가야 할지 어떻게 가야 할지는 각자의 몫이며 함께 풀어야 하는 숙제다. 하지만 가면서 느끼는 감정은 모두 같을 수밖에 없으니 너나 할 것 없이 고민한다.

가다가 돌아서고 돌아섰다 다시 가고 그러다가 방향을 틀기도 하는 삶의 길, 어디로 어떻게 가든지 누가 뭐라고 할 수 없는 그 길을 어떻게 가야 바로 가는 것일까. 누구도 정답을 내놓을 수 없으나 모르는 게 정답이다. 하지만 매일 시작이고 끊임없는 과정이며 관계의 연속인 것은 확실하다. 손치하 시인은 참으로 어려운 숙제를 스스로 풀어내어 삶은 어느 방식으로 살아도 알 수 없으니, 온 길을 돌아보며 바른길에 비추어 살아가는 것이 정답이라고 말한다.

> 당신의 다정한 미소가
> 용기를 줍니다
>
> 당신의 따뜻한 한마디가
> 뜨거운 힘이 됩니다

나도 당신에게
　　그런 사람이 되고 싶습니다
　　　　　-「그런 사람」전문

　성공한 사람은 그 성공은 무엇을 기준으로 정했는지를 떠나서 자신이 원하는 것을 얻고 남보다 앞서 자신의 길을 가는 사람을 성공했다고 일반적으로 칭한다. 그러나 삶의 근본 목적은 무엇을 이뤄내는 것이 아니라 자신의 운명을 개척하는 일이다. 우주의 모든 것을 지배한다고 생각되는 초인간적인 힘을 운명이라 하는데 그런 힘은 사람이 정하지 못한다. 종교적으로는 창조주의 힘이고 인간적으로는 절대 권력자의 힘이다. 그것을 모든 사람이 이룰 수는 없다. 전부가 이룬다면 지구는 없다. 오직 창조주의 능력에 이뤄지므로 사람은 창조주가 정한 것을 따라가면 된다. 그게 진정한 운명이다. 그 길을 가는데 무엇이 필요할까. 사랑과 용기다.

　신은 우리에게 끊임없는 사랑과 용기를 준다. 하지만 사람은 그것을 알아채지 못하고 흘려버린다. 다만 이성을 통하여 신의 사랑을 받는다. 손치하 시인은 신의 계시를 받은 당신을 통하여 사랑과 용기를 얻었다. 따뜻한 미소가 살아갈 용기를 주고, 따뜻한 한마디가 극복의 힘을 준다. 칭찬은 절구통도 춤추게 한다는 말은, 없다는 것에 구애받지 말고 용기와 힘이 있다면 불가능이 없다는 말이다. 그것을 주는 당신은 사랑의 배우자, 친구, 동료 등 우리 주위에 많다. 누구를 지칭하지 않아도 당신은 상대를 높여 부르는 존칭이다. 대부분 배우자를 말하지만 손치하 시인의 당신은 세상 모든 사람이 대상이며 서로 존경하고 힘과 용기를 주는 사랑의 메시지다. 자신을 위한 행동보다 타인을 위하여 따뜻한 마음을 품은 사람은 진정으로 행복한 사람이다.

마당은 내주는 곳입니다
누구든 품고 용납하는 곳입니다
부자와 빈자의 차별이 없는 곳입니다
사람을 외모로 구별하지 않는 곳입니다
화려하지 않는 곳입니다

애써 치장하려 들지 않는 곳입니다
누구든 슬플 때 울고 갈 수 있고
기쁠 때 소리쳐 웃고 갈 수 있는 곳입니다
그러면서도 마당은 늘 그대로인 곳입니다

남아공 케이프타운 인근 프렌치 훅
흑인과 유색인종 거주 지역
가정집 마당을 빌려 세워진 마당 교회는
고아와 과부와 가난한 자를
마당 같은 마음을 품고 섬기고 있는 곳입니다

멀지 않은 날 이곳 어린이 중에서
만델라와 같은 넓은 마음을 품은
지도자들이 많이 나와

이 땅을 변화시킬 것을 꿈꾸며
복음의 씨앗을 뿌리고 있습니다
-「마당 교회」 전문

   사랑을 베풀고 힘과 용기를 주는 것은 개인적으로 얼마든지 가능하다. 서로를 통하는 마음의 길을 있다면 주고받는 믿음이 생기고 그 믿음으로 이뤄진 삶은 행복하다. 그러나 개인의 소통을 넘어서 사회의 소통은 일정한 장소가 필요하고 그 장은 광장이 된다. 그것은 국가의 행사장이고 단체의 집합소가 되어 소통의 길을 만든다. 마당은 집 주위 넓은 공간 빈자리를 말하며 농사와 잔치의 목적으로 쓰인다. 삶의 터전이고 소통의 기반이다. 그래서 마당의 의미는 사적인 용도가 아니라 단체의 용도를 의미한다.
   사회적인 마당을 살펴보면 여러 가지가 있다. 국가의 광장, 연합체의 운동장, 군대의 연병장, 학교 등 많은 마당이 존재한다. 그런 마당의 최고 정점은 교회다. 신의 계시를 받는 곳이며, 사랑과 용기를 받는 곳이며, 이웃과 소통하여 신의 가르침을 받는 구원의 장소다. 작고 크고를 구별하지 않으며 신의 존재를 믿는 사람들의 공동체가 교회다. 신을 경쟁하며 예배를 드리고 믿음의 의식을 치르는 장소, 불신자들에게 믿음을 전하는 그런 곳이다. 그러나 종파의 난립으로 인하여 기능이 변질하다가 크기만을 내세우는 교회가 많아진 뒤 불신자들이 많아지는 모순을 낳았다.
   신은 교회에만 계시는 것은 아니고 인간이 있는 곳이라면 어디든 존재한다. 그것을 의심한 몰지각한 구도자들이

현혹의 도구로 이용하는 예도 수두룩하다. 손치하 시인은 그것을 염려한다. 아프리카 오지에 작은 교회에 가서 신의 존재를 다시 확인하고 가난하지만 믿음으로 뭉친 희망을 보았다. 누구에게나 내주고 차별과 구별이 없이 전부를 포용하는 교회가 진실로 신을 믿는 구원의 장소라고, 확인했다. 아무 때나 찾아가서 기댈 수 있는 교회가 사라지는 현실을 끄집어내고 진정한 믿음으로 섬기는 교회는 작은 마당이라는 결론을 말한다.

2. 삶을 이해하고 해석하여
언행일치의 표본적인 시 쓰기

대부분 사람은 이론과 실천을 구분해서 생각한다. 아는 것과 행하는 것의 일치를 이뤄야 진실한 삶인데 이론과 실천이 구분된다면 모두 거짓이다. 성인이라 지칭되는 인물들이 추앙받는 이유는 이론과 실천의 화합을 이뤘기 때문이다. 역사적으로나 현실에서 뛰어난 학자나 권력자들이 말과 행동이 다른 것을 우리는 익히 알고 있다. 지식이 뛰어난 학자가 도덕적인 모습을 보여주지 못하고, 철학적으로 유명한 사람이 윤리적인 행동을 보여주지 못하여 지탄을 받는 모습을 자주 보게 된다. 또한 유명한 신학자가 엉뚱한 행실을 보여 사회적인 문제가 되는 것도 우리는 자주 봤다. 시인은 이해하고 해석하는 사람이다. 이것은 지성이 있어야 가능하고 그 지성은 인간애를 기본으로 하는 사람다움의 지성이다. 시는 인간이 당면한 근본적 질문에

확연한 대답을 과학적으로 하는 것이 아니라 심리적으로 삶의 뿌리를 안정시키는 사람이다. 형이상학적인 이론보다는 구체적인 삶의 체계를 세우는데 목적을 둔다. 손치하 시인은 이점에 있어 선도적인 역할을 한다.

    그날이 또 다른 그날로 이어지는
    반복되는 일상에서
    날개 꺾인 새처럼 마음이 무거워지고
    하늘을 나는 자유가 그리워질 때
    도무지 알 수 없었던 곳
    갈라파고스를 꿈꾸었지요
    갈 수 있는 길이 보이지 않아도
    꿈꾸는 그 순간부터
    길이 만들어지고 있었네요

    마침내
    꿈에 그리던 그 땅에서
    태곳적부터 살아왔을
    거북이 물개 이구아나 같은 동물들과
    나중에 터를 잡았을 사람들이
    함께 어울려 사는 모습을 보며
    "그때에 이리가 어린양과 함께 살고
    표범이 어린 염소와 함께 노는"
    평화로운 모습을 그려보았어요

    꿈꾸지 않고 사는 것은
    하루하루 죽어가는 것이라는 걸

갈라파고스를 떠나며 깨닫습니다
그대 꿈꾸는 자 돼라
너무 멀어 보이지 않을지라도
꿈꾸는 순간부터 변화는 시작되고
길은 만들어지리니
　　－「갈라파고스의 꿈」 전문

　다윈의 진화론은 신을 부정하는 것이 아니라 신의 영역을 더욱더 확대한 역할을 하였다. 믿음으로 살아가는 다윈이 태평양의 섬에서 각종 생물이 다른 곳과 교류하지 못하고도 삶을 위한 진화를 하고 있다는 것을 확인하고 쓴 과학적인 서술이다. 대표적인 거북과 도마뱀 등인데 다른 곳으로 날아가지 못하는 새가 그곳의 생태에 맞춰 진화하는 모습은 경이로운 광경이었을 것이다. 하지만 신의 뜻에 거역할 수 있다는 이견에 책을 발간하지 못하다가 세월이 한참 흐른 뒤에야 발간되어 인류의 발전에 크게 이바지하였다.
　갈라파고스는 낙원이다. 원주민들만이 평화롭게 살아가며 자연 그대로의 모습을 간직한 지상낙원이 갈라파고스다. 인류가 경쟁과 환란에 지쳐 마지막으로 찾아가는 유토피아, 아시아권에서는 무릉도원이라 일컫는 이상향, 신의 뜻도 그것이다. 신이 창조한 인간이 잘 살 수 있도록 보살피고 인도하는 자애는 신의 가장 큰 무기다. 손치하 시인은 신의 뜻에 따른다. 반복적인 일상에서 날개 꺾인 새처럼 무거워지고 훨훨 나는 자유가 그리워질 때 지상낙원을 그린다. 태고의 모습을 그대로 간직한 갈라파고스를 찾아 자연과 함께 어우러진 원시를 본다.

사는 건 아무것도 아니다. 순간적으로 지나는 시간들 속에 시간이 무엇인지도 모르고 지나치다가 최후를 맞는 것이 삶이다. 그것을 뛰어넘는 인간은 없고 오직 신만이 조종할 수 있다. 시인은 그런 상태를 원한다. 꿈을 꾸듯 살아온 삶이 자연의 신을 만나 인간 원형을 보게 되고 그렇게 살기를 원한다. 태평양 가운데에 있어 다른 곳과 교류하지 못하지만 그만큼의 자유를 누리고 사람답게 살아가는 모습에서 행복을 찾은 것이다.

한라산에서 화전 일구고
산나물 뜯고 살아온 우리에게
좌나 우의 이념은
알지도 못하고 알 필요도 없어서
온 동네가 한 식구처럼 살아왔는데

가여운 나의 아가야
어쩌다 우리가 이렇게 쫓기는 몸이 되어
이 엄동설한에 이유도 모르고
사냥꾼들에게 쫓기는 노루처럼
눈 내리는 산속을 달리고 있구나

저들도 더운 피가 흐르는 사람인데
천사 같은 나의 아가야
저들 눈에는 너도 노루새끼같이 보였나 보다

하얀 눈발 속에 남겨진 노루 발자국 찾듯
토벌대의 총구가 우릴 향하고 있구나

그 높고 넓던 한라산에
우리 모녀가 숨을 곳이 없구나
천사 같은 나의 아가야
우리 좌도 없고 우도 없고 이념도 없는
평화로운 곳에서 다시 만나자

아가야
비록 죽음의 강을 건널지라도
함께여서 다행이다

- 「비설」 전문 - 제주 4.3 평화공원에서

  1948년 4월 3일부터 54년 9월 21일까지 우리의 역사에 가장 치명적인 학살사건이 제주에서 발생했다. 이념의 대립도 아니고 진영의 대립도 아닌 그야말로 사소한 오해에서 비롯된 차마 입에 담지 못할 민족의 부끄러움이었다.
  일제의 탄압에 저항하다가 일본으로 들어갔던 6만 명의 도민들이 해방을 맞이하여 귀국하고 실업난, 흉작, 식량부족 등으로 혼란을 겪다가 3.1절 기념식에서 사소한 충돌이 생기고 진압하던 경찰의 발포로 여섯 명이 사망하자 분개한 군중들이 강력하게 저항하여 불붙은 사건이다. 걷잡을 수 없이 사건이 터지자 미 군정은 공산당으로 몰아 진압에 들어갔고 이를 이용한 남로당은 군중을 선동하여 무장봉기로 맞서 누구도 막지 못할 혼란이 되었다. 군의 계

엄령 선포로 시작된 학살은 남녀노소를 가리지 않고 총살하며 강제진압을 했다. 6·25 동란이 발발하자 공산당을 색출한다는 빌미로 그때 가담했던 관계자들을 전부 총살하고 가족까지 무참히 살상하는 비극이 발생하여 3만 명의 희생자가 발생한 우리 민족의 치욕적인 사건이다.

  손치하 시인은 그 광장에 섰다. 바람 속에서 들려오는 아이들의 울음과 여자들의 분노 섞인 울분, 폭력에 저항하는 민중의 고함과 쉬지 않고 들리는 총소리는 시인의 귀를 막게 한다. 누구나 그 자리에서는 울분을 토하고 눈물을 흘리게 되는데 위령비를 세우고 금전적인 배상을 한다고 원한 맺힌 슬픔이 어디로 가겠는가. 특히 어린애들의 죽음은 어쩌란 말인가. 한라산 자락에서 지금도 들여오는 아이들의 울음을 누가 그치게 할 수 있는가. 다시는 이런 일이 발생하지 않아야 한다. 위령비 앞에 선 시인의 가슴은 전 국민을 대변하는 슬픈 연못이다.

    내 마음속에
    집이 몇 채 있습니다

    사랑의 집은
    크고 아름답게 짓고 싶은데
    들여다보면 형편없이 쪼그라져있어서
    스스로 보아도 민망해지곤 합니다

    미움의 집은
    허물어 없애버리고 싶은데

잠시 돌보지 않으면
불쑥불쑥 층이 높아져있습니다

욕망의 집은
다른 이에게 보이고 싶지 않은데
수시로 색깔과 모양이 바뀌어
숨기고 싶은 마음 들키게도 합니다

이외에도 여러 채의 집이 있지만
올해에는 누구든 쉬어가도 될
마음 편한 집 두어 채 더 지어
시린 마음 위로해 주고 싶어집니다
　　　　－「마음의 집」 전문

　사람을 소우주라고 하는 것은 정신 속에 광대무변한 모든 것을 담고 있기 때문이다. 대우주의 빛과 보이지 않는 힘의 역사를 상상하고 지워가며 우주를 품는 사람의 심리는 실제로는 우주보다 넓다. 끝이 없이 상상의 날개를 펼치고 그것을 얻으려는 욕망을 보인다.

　사람은 숨 쉬고 먹고 배변하며 활동하는 게 전부가 아니다. 정신이라는 광대한 세계를 가지고 있다. 감정이나 생각, 기억 따위가 깃들이거나 생겨나는 마음을 쉬지 않고 움직인다. 그 속에서 생존의 방법이 나오고 삶의 회한을 느끼며 사랑과 정의, 배반과 의식이 발생하며, 욕망과 비애가 싹튼다. 이런 모든 것을 품고 하루하루를 보내면서 자연과의 교감을 이루고 이웃과의 화합을 이룬다. 특히 사랑과 욕망의 탈을 쓰게 되는데 사랑의 감정까지도 욕망으로 채우는 이중성을 보인다. 만약 마음이 보이는 것이라며 어느 정도의 자제력이 생길 수 있으나 보이지 않는 이유로 어느 쪽으로 치우쳤는지 몰라 잘못하면 악의 구렁텅이로 빠지는 것이다.

손치하 시인은 선한 마음을 가졌다. 누구도 흉내 낼 수 없는 사랑과 자비를 갖췄다. 그러고도 모자라서 더 많은 사랑을 원한다. 받는 사랑이 아니고 주는 사랑을, 구원을 원하는 게 아니라 구원해 주는 능력을 원한다. 사람의 마음속에는 많은 집이 있어 언제나 갈등을 겪지만 뚜렷한 목표를 세워 가장 우수한 것을 택하고 실천한다면 그게 바로 성인이다. 시인은 사랑을 채운 마음속에 미움과 갈등은 전부 지우고 오직 사랑으로 채워지기를 원하는 성자의 마음을 가졌다.

3. 지성으로 삶의 사실과 의미를 밝히기

문화와 역사가 동서를 중심으로 나누어져서도 인간은 하나의 종이다. 흑백의 논리도 필요 없으며 분리는 더더욱 있을 수 없다. 동일한 역사와 근원을 지녔으며 자신의 존재를 성찰하고 자신을 둘러싼 세계와 자연, 역사와 문화, 나와 너를 인식하고 질문하면서 이해하고 해석하는 본질적 행위를 펼치며 삶을 꾸린다. 시는 사람이 지닌 지성에 따라 사실과 의미를 밝히려는 과정이며 결실이다. 사람이 접하는 여러 사건과 현상은 내면적 상태, 삶과 관계되는

온갖 것들에 대한 해명과 해답을 찾으려는 의도를 가진다. 주어진 이념이나 믿음이 아닌 지성이라 불리는 능력에 따라 삶을 풀어가고 생각하는 신념이 곧 시이며, 그것을 주도하는 사람이 시인이다. 손치하 시인은 사랑을 펼치며 삶의 의미를 해석하고 구원할 대상을 찾는데 그치지 않고 받은 것에 대한 갚음을 실행하려는 의도를 보인다.

가뿐히 일어나
아침 식사를 하고
바쁘게 출근하여
부지런히 살아온 날들이
당연한 일인 줄 알았습니다

사랑하는 사람을 만나
가정을 이루고
때가 되어 예쁜 자녀를 낳아
건강하게 기르는 게
당연한 일인 줄 알았습니다

또 한 해가 저물어
뒤돌아보니
지나온 모든 날이
어느 것 하나
내 힘으로 된 것이 없었습니다

이른 비와 늦은 비가
생명을 살리고

보이지 않는 손길이 있었기에
일생이 은혜였음을
감사하며 살겠습니다
　　　－「은혜를 은혜로 아는 복」 전문

　살면서 누구의 도움을 받지 않은 사람은 없다. 부모로부터 생을 받아 보살핌으로 자라나고 자신의 삶을 이해하게 될 때까지 부모·형제, 스승, 친구, 이웃들의 도움은 알게 모르게 받는 것이 사람이다. 그러나 장성하여 일가를 이루고 자신의 성공을 믿었을 때 도움에 대한 은혜를 갚으려고 시도하는 사람은 아주 드물다. 따지고 보면 자신의 힘으로 살아가는 사람은 없다. 식량과 생활용품을 자기 스스로 해결하는 사람은 극소수이고 돈을 지불하고 사 오는 것도 누구의 도움으로 이뤄진다. 다만 그것을 인지하고도 금방 잊어버리는 것이 문제다. 더구나 자신의 근본을 파헤치다 보면 부모를 떠나 창조주와 만나게 되는데 그 은혜는 한량이 없다. 생명을 던져도 갚지 못하는 은혜다. 삶은 스스로 일어서는 게 아니고 원인이 있다는 것을 알고 있어도 고마워하고 보답하는 것은 쉽지 않다. 대상을 구별하기가 쉽지 않고 원인불명이라고 단정 짓기 때문이다.
　손치하 시인은 그 대상을 분명히 알고 있다. 바로 창조주 하느님이다. 밥 먹고 출근하고 부지런히 가꾼 삶이 자신의 것이라고 믿는 어리석은 생각을 버린 지성인이다. 창조주를 믿는 사람은 과학이 발달할수록 적어질 것이라는 예상은 진즉에 사라졌다. 과학의 끝에 하늘이 있다는 사실이 밝혀지면서 교회에 나가지 않고도 창조주를 믿는 세상이다. 만물을 창조하고도 하늘은 말하지 않는다. 그런 은혜를 받고도 사람은 은혜를 모른다. 그러나 서로의 인식은 분명하다. 그래서 사람이라면 은혜를 갚아야 한다. 갚는 방법은 하늘을 향하는 게 아니라 이웃을 사랑하고 만인을 사랑하는 것이다. 진정으로 갚는 일은 사랑하고 감사하는 마음으로 서로를 위하는 것이라고 강조하는 손치하 시인은 분명 의인이라고 할 수 있다.

은혜는 돌 판에 새기고
원망은 모래 위에 새기라는 말씀 기억하며
한 줄 그었습니다

마음 깊이 새겨진 많은 사연
더러는 시간의 모래에 씻겨
흐려지기도 하였지만
곤핍할 때 받았던 마음마저
그리 쉽게 지워질 수 있나요
시간이 지나도 도리어 더 깊게 새겨지는 걸요

오늘 그 많은 은혜 중 하나에
먼 길 다녀와 등짐 벗듯 한 줄 그었습니다

그 어도 더 선명히 드러나겠지만
사랑의 빚 외에는 지지 말라는 말씀 따라
줄 하나 그었을 뿐

> 아직 많이 남아있는
> 기억의 비망록 속 목록 하나하나가
> 흐드러진 꽃 보듯 행복하게 합니다
>
> ―「비망록」전문

 지난 것은 잊어버리는 게 본능이다. 만약 모든 것을 다 기억하고 있다면 존재의 가치는 없어지고 살기가 힘들 것이다. 잊는 것이야말로 최고 행복이다. 그러나 삶에서 잊는다는 건 치욕이고 건강하게 누리지 못하는 원인이다. 그래서 기록하게 된다. 사물의 이름이나 만남의 추억, 계산의 셈과 주고받는 물질에 대한 기록은 필요하다. 특히 시인들은 순간의 발상을 잊지 않기 위해 기록을 하게 되고 과학자는 물질의 발견에 기록을 놓치면 모든 것은 물거품이 된다. 기록에는 영원한 것과 일시적인 것이 있다. 영원한 것은 삶의 끝까지 지니고 가야 할 것이며 일시적인 것은 본 기록에 옮기기 위한 임시적인 메모다.
 손치하 시인은 비망록은 항상 휴대하고 다닌다. 일상적인 것과 영원한 것의 차이를 두지 않고 믿음으로 얻은 삶의 은혜를 갚기 위하여 기록한다. 말씀을 잊지 않으려는 노력이 하나하나 실천되어 갈 때 빼놓지 않으려고 하는 기록은 믿음의 역사다. 작은 것에 만족하지 않고 큰 것을 이루기 위한 예비동작으로 기록은 작성되고 갚음의 만족을 얻는다. 그렇지만 은혜의 보답으로 헌신하고 사랑하는 것은 믿음의 무게가 적다는 의미다. 그것을 해결하기 위하여 시인은 기록하며 비망록을 채워간다. 가볍지 않다.

십계를 불로 써 내린 신의 계시와 같이 돌판에 새기고 말씀을 기억한다. 믿음의 삶이 얼마나 영광이고 위대한지를 만인에게 알리려는 목적이 있으나 우선 자신을 구원받기 위한 기록 한 장을 채웠을 때의 만족감은 누가 뭐래도 클 수밖에 없다. 믿음으로 받은 은혜를 보답하기 위하여 사랑과 배려의 시심으로 살아가는 시인은 행복할 수밖에 없다.

    소금기 밴 해풍을 견디어 내고
    해맑은 꽃을 피우면
    파도가 손뼉 치고
    바람이 춤을 췄지요
    그 꽃길 따라 봄이 왔던 기억
    뿌리에 새기며
    먼 육지로 뽑혀왔어요

    Rivers of Babylon
    바빌론 유수와 같은
    도회지의 빌딩 속에서
    봄이 와도 그 환한 꽃피우지 못하고
    갯내 풍기는 바닷바람 그리워
    눈물 삼키며 노래했지요

    좌절과 상실의 밤
    가지가 꺾이고 잘리는 날들
    그 인내와 염원이 쌓여
    드디어 붉은 동백꽃 피워냈어요
    거스를 수 없는 시간이기에

이 봄이 더 아름답습니다
- 「동백꽃」 전문

　꽃 중의 꽃은 무궁화다.라는 말은 무궁화가 국화이기 때문이다. 수많은 꽃 중에 무궁화를 정한 것은 전국 어디서나 피어나고 늦봄부터 가을까지 줄기차게 피어난다. 꽃을 완성이라고 하는 것은 꽃이 피어나 결실을 보고 각종 곤충에게 꿀을 주기 때문이다. 곤충은 꿀을 얻고 꽃은 수정할 수 있어 결코 준다는 것은 자신의 삶을 도모하려는 수작이다. 동백은 꽃 피는 시기가 늦은 겨울이다. 이때는 곤충이 활동할 시기가 아니라 동박새를 불러 수정하는데 식물의 지혜는 사람을 능가한다. 더구나 동백은 한 잎 한 잎 지는 게 아니라 일시에 꽃을 떨어내는 과감성을 보인다. 추위에 쉽게 열매가 맺힐 수 있도록 행하는 고육지책이다.
　예로부터 동백을 읊은 노래는 많다. 시인 묵객들이 꽃이 없는 시기에 꽃을 노래하고 우리의 삶에 비유하기 좋은 소재이기 때문이다. 임을 기다리다 지쳐 그 자리에서 숨을 멈추고 떨어졌다는 전설과 추위를 이기고 피는 끈기와 노력을 칭송하는 구절이 대부분이다. 손치하 시인은 여기에 더하여 사람의 삶에 비유하여 동백과의 인과관계를 그렸다. 소금기 밴 해풍을 견뎌내고 파도 소리 들으며 바위 위에서 활짝 핀 동백은 분명 좌절과 상실을 겪은 우리의 삶이다.
　그런 동백이 도시의 빌딩에서 피었으니 얼마나 경이로운가. 동백의 북방한계선은 서천지역인데 그곳을 훌쩍 넘어 이제는 전국에서 볼 수 있는 꽃이 되었다. 사람도 이와 같아 어디에 있어도 개척하고 확장하여 삶을 꾸린다. 우리가 두고두고 갚아야 할 영광의 은혜가 아닐 수 없다. 삶에 좌절은 없으며 인내와 끈기가 있다면 얼마든지 피울 수 있다는 메시지다.

4. 사물의 본질을 꿰뚫어 보는 밝은 눈을 가진 시인

손치하 시인의 삶은 사랑과 배려, 믿음과 은혜로 점철되어 있다. 92편 전체에서 타인과의 관계에서 발생하는 충돌이 없으며 남을 위한 염려와 믿음의 전파를 주를 이룬다. 인자무적을 떠올리지 않아도 외모에서 풍기는 인자함이 작품에서 저절로 느껴진다. 포용하고 베풀어 화합을 이루는 언행일치의 사랑법을 터득하였고, 삶을 이해하고 해석하는 표본적인 작품을 쓴다. 또한 지성을 갖춘 인품으로 삶의 사실과 의미를 밝힌다. 이것은 언어가 의사소통을 상호작용에 포괄적으로 사용된다는 사실을 파악하였기 때문에 가능하다. 또한 사물의 본질을 꿰뚫어 보는 눈이 밝아 인간애의 기본 철학을 염두에 두고 시를 쓴다. 다만 과작寡作에 빠지지 말고 더 많은 작품을 생산할 수 있기를 바라는 바다.

갈라파고스의 꿈

1판1쇄 : 2023년 8월 10일

지은이 : 손치하
펴낸이 : 김정현
펴낸곳 : 도서출판 Gaon

주　소 : 유네스코문학창의도시 부천시 길주로 460, 1106호
전　화 : 032-342-7164
팩　스 : 032-344-7164
E-mail : kjsh2007@hanmail.net

ⓒ 손치하 Printed in Korea

출판등록 : 2011. 7. 14
ISBN : 979-11-90673-91-4(03810)
값 · 12,000원

무단 전재와 복제를 금합니다.
도서출판 가온은 농인聾人과 함께합니다.
잘못된 책은 본사나 서점에서 교환해드립니다.